RYGBI

RILY

www.rily.co.uk

Uwch olygydd Satu Hämeenaho-Fox
Uwch olygydd celf Fiona Macdonald
Cynorthwy-ydd dylunio Xiao Lin
Golygyddion celf y prosiect Jaileen Kaur, Nehal Verma
Dylunwyr cyhoeddi DTP Syed Mohammad Farhan
Uwch ddylunwyr cyhoeddi DTP
Jagtar Singh, Dheeraj Singh
Cynllunydd siaced Elle Ward
Prif olygydd Laura Gilbert
Prif olygydd celf Diane Peyton Jones
Uwch gynhyrchydd Tony Phipps
Ymchwilydd lluniau Aditya Katyal
Cyfarwyddwr creadigol Helen Senior
Cyhoeddwr Sarah Larter

Gwirydd ffeithiau Richard Mead

Ysgrifenwyd, cynlluniwyd a rheolwyd y prosiect
ar ran DK gan Dynamo Cyf.

Cyhoeddwyd gyntaf yn Gymraeg yn 2019
gan Rily Publications Cyf,
Blwch Post 245, Caerffili, CF83 9FL

Cyhoeddwyd gyntaf ym Mhrydain yn 2019,
dan yn teitl *Rugby*, gan
Dorling Kindersley Limited
80 Strand, Llundain, WC2R 0RL

Addasiad Cymraeg Sioned Lleinau

ISBN 978-1-84967-439-3

Mae cofnod catalog CIP o'r llyfr hwn
ar gael o'r Llyfrgell Brydeinig.

Argraffwyd a rhwymwyd yn China

Cyhoeddwyd gyda chymorth ariannol
Cyngor Llyfrau Cymru.

HELÔ!

Croeso i fyd rygbi! Dyma gyfrol sy'n llawn gwybodaeth am bopeth o Bencampwriaeth y Chwe Gwlad i Gwpan y Byd. Mae'n sôn am rygbi tag, cyffwrdd, a hyd yn oed rygbi eira, gydag ambell dip, ffeithiau gwych a digon o wynebau cyfarwydd! Dyma gyfle hefyd i ddysgu am hanes y gêm, a dod i wybod mwy am chwaraewyr arwrol, yn hen a newydd.

CYNNWYS

BETH YW RYGBI?

Gêm ar gyfer timau yw rygbi. Cafodd ei datblygu rhyw 200 mlynedd yn ôl ac mae sawl ffurf wahanol o'r gêm ar gael, gydag ambell reol wahanol hefyd. Beth am ddechrau o'r dechrau?

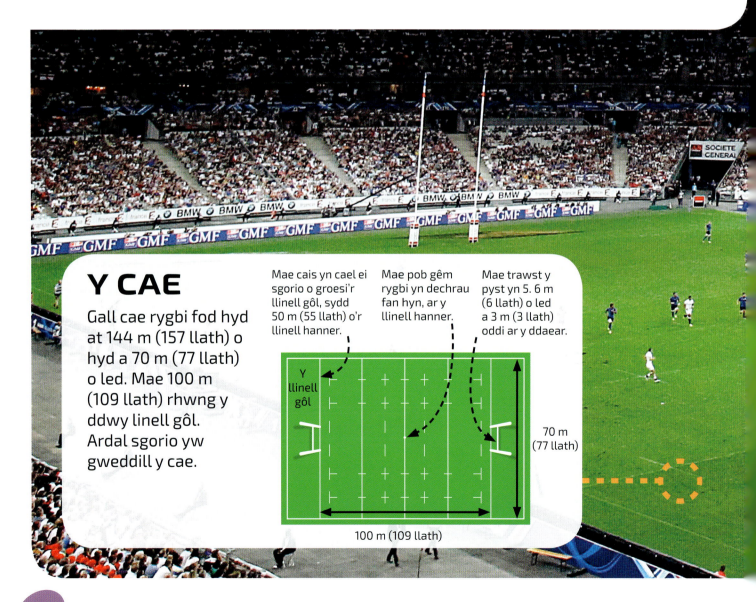

Y CAE

Gall cae rygbi fod hyd at 144 m (157 llath) o hyd a 70 m (77 llath) o led. Mae 100 m (109 llath) rhwng y ddwy linell gôl. Ardal sgorio yw gweddill y cae.

Mae cais yn cael ei sgorio o groesi'r llinell gôl, sydd 50 m (55 llath) o'r llinell hanner.

Mae pob gêm rygbi yn dechrau fan hyn, ar y llinell hanner.

Mae trawst y pyst yn 5. 6 m (6 llath) o led a 3 m (3 llath) oddi ar y ddaear.

Y llinell gôl

70 m (77 llath)

100 m (109 llath)

Y BÊL

Hirgrwn yw siâp y bêl ac mae'n bosib ei chicio, ei chario neu ei phasio o un chwaraewr i'r llall. Mae mwy o sôn am y gwahaniaethau yn siâp y bêl ar dudalen 17.

GEIRIAU PWYSIG

Llinell

Mae'r bêl yn cael ei thaflu (fel arfer gan y bachwr) i ailddechrau'r chwarae wedi iddi groesi'r ystlys (mynd y tu allan i'r ardal chwarae). Bydd blaenwyr y ddau dîm wedyn yn cystadlu i ennill meddiant o'r bêl.

Cais

Mae chwaraewr yn cario'r bêl ac yn ei thirio (cyffwrdd y bêl i'r llawr), ar neu y tu hwnt i'r llinell gôl. Mae pob cais yn werth pum pwynt i'r tîm.

Trosiad

Mae tîm sy'n sgorio cais yn cael cicio at y pyst. Y bwriad yw cicio'r bêl dros y trawst a rhwng y pyst, er mwyn cael dau bwynt.

Camsefyll

Ddylai chwaraewr ddim ennill mantais drwy fod o flaen y bêl pan fydd hi'n cael ei phasio. O wneud hynny, bydd y dyfarnwr yn rhoi cic gosb i'r tîm arall.

Taro'r bêl ymlaen

Dim ond i'r ochr neu am yn ôl y gall y bêl gael ei thaflu. Bydd dyfarnwyr yn cosbi tîm sy'n taro'r bêl ymlaen.

CHWARAE I ENNILL

Wrth i'r chwaraewyr wneud eu gorau i oresgyn eu gwrthwynebwyr a sgorio pwyntiau, mae'n rhaid i'r dyfarnwr ofalu eu bod yn cadw at y rheolau, gan gosbi'r chwaraewyr sy'n methu â gwneud hynny.

80 MUNUD

Mae pob hanner mewn gêm o rygbi yn 40 munud o hyd, gydag egwyl o hyd at 10 munud yn y canol.

SGILIAU CICIO

Er mwyn sgorio pwyntiau o drosiad, cic adlam, neu gic gosb, mae'n rhaid i'r chwaraewyr fod yn gywir iawn eu hanel. Mae'n rhaid i'r bêl hedfan rhwng y pyst a thros y trawst.

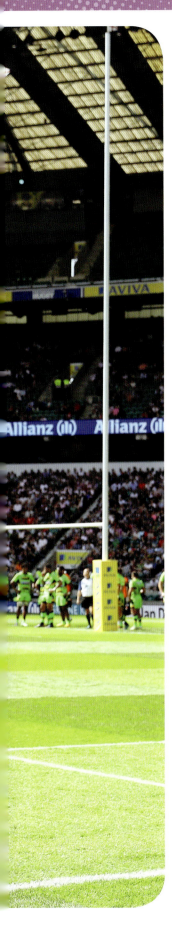

PWYNTIAU

Er mwyn ennill gêm, mae'n rhaid i dîm sgorio pwyntiau. Gall chwaraewyr sgorio pwyntiau gyda chais (pum pwynt), trosiad (dau bwynt), cic gosb neu gic adlam (tri phwynt yr un).

EILYDDION

Mae 15 o chwaraewyr ac wyth eilydd mewn tîm Rygbi'r Undeb. Gall pob un o'r wyth eilydd ddod i'r cae yn ystod y gêm i gymryd lle chwaraewyr sydd wedi blino neu wedi eu hanafu.

COSBI

Gall dyfarnwr roi cic gosb os digwydd trosedd. Mae cic tua'r ystlys, cic at y pyst, sgrym, a chic bwt i gyd yn cael eu rhoi fel cosb. Bydd y dyfarnwr yn dewis un o'r rhain fel ffordd i ailddechrau'r gêm.

Cardiau

Gall cardiau melyn neu goch hefyd gael eu rhoi fel cosb. Mae'n rhaid i chwaraewr sy'n derbyn cerdyn melyn adael y cae am 10 munud. Mae'r cerdyn coch yn cael ei ddefnyddio ar gyfer troseddau mwy difrifol a bydd yn rhaid i'r chwaraewr adael y cae am weddill y gêm.

HANES RYGBI

Mae rygbi wedi cael ei chwarae ers sawl canrif, ond does neb yn hollol siŵr pwy ddyfeisiodd y gêm. Ers y 19eg ganrif, mae wedi datblygu i fod yn gêm broffesiynol sy'n cael ei gwylio gan filiynau o bobl.

CODI'R BÊL

Mae William Webb Ellis, disgybl 16 mlwydd oed yn ysgol Rugby yn swydd Warwick, Prydain, yn chwarae pêl droed ac yn penderfynu codi'r bêl a rhedeg â hi yn ei freichiau. Er bod llawer yn amheus o'r stori hon, mae Cwpan Rygbi'r Byd wedi'i enwi'n gwpan Webb Ellis.

William Webb Ellis fel oedolyn

1823

1907

1870

1881

Tîm Rygbi'r Undeb Lloegr tua Mawrth 1871.

UNDEB RYGBI LLOEGR

Ym mhapur newydd *The Times*, awgryma'r chwaraewyr Edwin Ash a Benjamin Burns fod angen i rygbi gael côd ymarfer. Flwyddyn yn ddiweddarach, daeth 21 clwb i gyfarfod yn Llundain a chreu corff rheoli Rygbi Lloegr sef yr RFU (Rugby Football Union).

SEFYDLU UNDEB RYGBI CYMRU

Sefydlwyd Undeb Rygbi Cymru yn 1881. Mae'r tîm cenedlaethol yn chwarae eu gemau cartref yn Stadiwm y Principality, Caerdydd ac mae clybiau rygbi'r undeb a rygbi'r gynghrair i'w cael ar draws y wlad.

PEN DRAW'R BYD

Yn 1907, trefnodd gwleidydd o'r enw Henry Hoyle gyfarfod i sefydlu Cynghrair Undeb Rygbi De Cymru Newydd, a chafodd ei ethol yn llywydd cyntaf y gynghrair. Yn 1924, aethon nhw ati i gydweithio ag Undeb Rygbi Queensland i sefydlu Cynghrair Rygbi Awstralia.

Y GÊM FYD-EANG

Daeth 16 o wledydd at ei gilydd yn Awstralia a Seland Newydd ar gyfer pencampwriaeth gyntaf Cwpan y Byd. Seland Newydd enillodd y cwpan. Ers hynny, mae'r gystadleuaeth yn cael ei chynnal bob pedair blynedd. Corff rheoli rhyngwladol y gamp, Rygbi'r Byd, sy'n trefnu'r cyfan.

AILENWI

Mae Undeb Rygbi'r Gogledd yn newid ei enw i Undeb Rygbi.

922

1987

1985 1999

2019

CWPAN Y BYD

Wedi llawer o drafod rhwng y gwledydd sy'n chwarae rygbi, sefydlwyd y gystadleuaeth rygbi fyd-eang, fwyaf erioed.

BYD MWY

Fel arwydd o lwyddiant, mae cystadleuaeth Cwpan y Byd yn tyfu i gynnwys 20 gwlad.

JAPAN 2019

Japan yw cartref Cwpan y Byd yn 2019.

MATHAU GWAHANOL O RYGBI

Mae sawl ffordd wahanol o chwarae rygbi ac mae gan bob un set arbennig o reolau. Mae'n dibynnu ar oed, a gallu hefyd. Gall rygbi gael ei chwarae ar bob math o arwynebedd – o laswellt i eira.

RHEOLAU'R UNDEB A'R GYNGHRAIR

* Y nod yw sgorio mwy o bwyntiau na'r tîm arall.

* Mae'r gêm yn dechrau gyda chic o'r llinell hanner.

* 80 munud yw hyd pob gêm (mewn dau hanner o 40 munud yr un).

* Gall chwaraewr redeg, cicio a phasio'r bêl.

* All chwaraewr ddim pasio'r bêl ymlaen.

* Gall chwaraewr daclo chwaraewr arall i gael y bêl.

* Bydd tîm o swyddogion yng ngofal y gêm.

* Gall tîm gael pwyntiau drwy sgorio cais, trosiad neu gic at y gôl.

RYGBI'R UNDEB

Dyma ffurf mwyaf poblogaidd y gêm, gyda mwy na thair miliwn o chwaraewyr ledled y byd.

RYGBI'R GYNGHRAIR

Mae gêm rygbi'r gynghrair yn gyflymach na gêm rygbi'r undeb. Fe wahanodd y ddau ffurf wrth ei gilydd yn 1895, ac mae'r rheolau'n wahanol iawn.

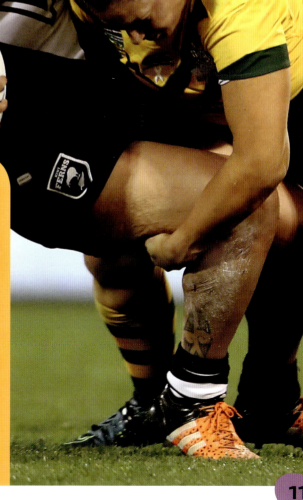

RHEOLAU GWAHANOL

- ★ 15 chwaraewr
- ★ 8 eilydd
- ★ 3 swyddog
- ★ Dim cyfyngiad ar nifer y taclau
- ★ 5 pwynt am gais
- ★ Mae llinell, ryc a sgarmes yn cael eu defnyddio. *Gweler tudalennau 32–33 i ddysgu mwy am y rhain.*

- ★ 13 chwaraewr
- ★ 4 eilydd
- ★ 4 swyddog
- ★ Uchafswm o 6 tacl
- ★ 4 pwynt am gais
- ★ Does dim llinell na sgarmes. Mae ryc rygbi'r gynghrair yn wahanol i rygbi'r undeb.

RYGBI CADAIR OLWYN

Dyma ffurf o'r gêm ar gyfer chwaraewyr sy'n defnyddio cadair olwyn. Maen nhw'n chwarae dan do gyda phedwar ym mhob tîm. Mae'r gêm wedi'i rhannu'n bedwar chwarter wyth munud o hyd ac mae'n boblogaidd iawn yn y Gemau Paralympaidd. Mae'r chwaraewyr yn defnyddio cadeiriau olwyn arbennig o gryf gan fod y gêm yn gallu bod yn arw iawn!

RYGBI TRAETH

Mae rygbi traeth yn cael ei chwarae ar dywod, gyda phedwar neu saith chwaraewr ar bob ochr. Mae'r ardal chwarae dipyn yn llai na chae rygbi'r undeb neu'r gynghrair, ac mae'r gêmau'n cael eu rhannu i ddau hanner o bum neu saith munud.

RYGBI EIRA

Mae rheolau rygbi eira'n debyg i rygbi'r undeb, ond mae'r chwaraewyr yn gorfod gwisgo dillad addas i'r eira, fel legins a fest. Mae'n bwysig eu bod yn cadw'n gynnes. Gan fod y ddau dîm yn chwarae dau hanner o ddwy, pum, neu saith munud, gall rygbi eira fod yn gêm gyflym a chyffrous.

RYGBI SAITH-BOB-OCHR

Dyma ffurf saith-bob-ochr o rygbi'r undeb. Mae'r gêm yn cael ei rhannu'n ddau hanner saith munud. Dyma'r ffurf o rygbi sy'n cael ei chwarae yn y Gemau Olympaidd.

RYGBI TAG

Gêm digyffwrdd ar gyfer timau o bump neu saith o chwaraewyr yw rygbi tag. Mae'n digwydd dros ddau hanner 20 munud. Mae pob chwaraewr yn gwisgo dau dag ar eu gwregys. Yn hytrach na thaclo, mae'n rhaid i'r amddiffynnwr gipio tag y chwaraewr sydd â'r bêl. O golli tag, mae'r chwaraewr yn gosod y bêl ar y ddaear a'i rholio am yn ôl gyda'u troed. Pan fydd tîm yn llwyddo i gipio chwe tag ar ôl ei gilydd, nhw fydd yn ennill y bêl.

DAL FI!

Pan fydd chwaraewr yn cipio tag eu gwrthwynebydd, byddan nhw'n gweiddi 'tag!'.

RYGBI CYFFWRDD

Gêm chwech-bob-ochr yw rygbi cyffwrdd a does dim hawl taclo na chicio. Yn hytrach na thaclo'i gilydd, bydd y chwaraewyr sy'n amddiffyn yn cyffwrdd â'r bêl neu'r chwaraewr sy'n cario'r bêl â'u dwylo. Pan fydd y tîm sy'n ymosod yn cael eu cyffwrdd, mae'n rhaid iddyn nhw osod y bêl ar y ddaear a chamu dros ei phen. O gael eu cyffwrdd chwe gwaith, mae'n rhaid i'r tîm sy'n ymosod roi'r bêl i'r tîm arall.

RYGBI IAU

Ffurf syml ar rygbi'r undeb yw rygbi iau, sy'n ffordd o gyflwyno'r gêm i blant dan 13 oed. Mae'r bêl a'r cae chwarae yn llai o faint. Mae maint y cae yn dibynnu ar oed y plant – er enghraifft, mae'r rhai dan saith oed yn chwarae ar gae hyd at 60 m wrth 30 m (66 llath wrth 33 llath). Gall nifer y chwaraewyr amrywio o 5 i 13 ymhob tîm.

RHEOLAU

Mae angen rheolau i gadw trefn ar bawb a phopeth ym myd chwaraeon. Y dyfarnwr sy'n gweithredu'r rheolau ac mae pob un rheol ar flaen ei fysedd.

Bydd y dyfarnwr yn chwythu chwiban i stopio ac ailddechrau'r chwarae.

Y DYFARNWR

Y dyfarnwr sy'n gyfrifol am ofalu fod pawb yn dilyn y rheolau yn ystod y gêm. Mae'n rhaid iddyn nhw fod yn deg â'r ddau dîm ac mae eu gair nhw'n ddeddf.

MAINT A PHWYSAU'R BÊL

Siâp hirgrwn yw pêl rygbi, ac mae hi felly'n haws ei phasio na phêl gron. Mae peli rygbi'r undeb ychydig yn hirach na'r rhai sy'n cael eu defnyddio yn rygbi'r gynghrair. Mae peli rygbi'r gynghrair yn tueddu i fod ychydig bach yn dewach ac yn mwy pigfain.

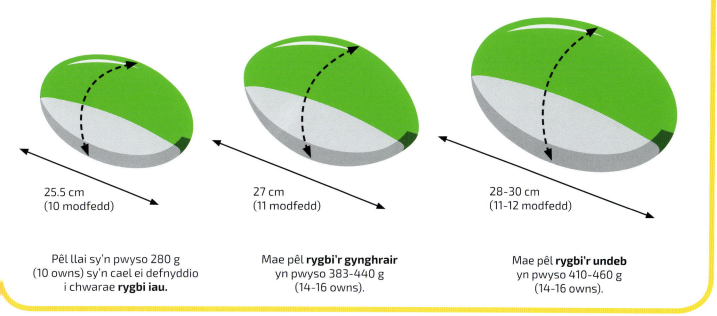

25.5 cm
(10 modfedd)

27 cm
(11 modfedd)

28-30 cm
(11-12 modfedd)

Pêl llai sy'n pwyso 280 g
(10 owns) sy'n cael ei defnyddio
i chwarae **rygbi iau.**

Mae pêl **rygbi'r gynghrair**
yn pwyso 383-440 g
(14-16 owns).

Mae pêl **rygbi'r undeb**
yn pwyso 410-460 g
(14-16 owns).

RHEOLAU CIT

★ Mae chwaraewyr yn gwisgo crys eu tîm.

★ Cotwm trwchus yw defnydd siorts rygbi.

★ Gall chwaraewyr wisgo gard neu arbedwr ceg i amddiffyn eu dannedd.

★ Gall merched wisgo padiau brest a theits hir.

★ Does dim hawl gan chwaraewyr wisgo unrhyw beth miniog a allai niweidio chwaraewyr eraill.

★ Mae'n bosib cael esgidiau rygbi â stydiau neu lafnau. Maen nhw'n drymach nac esgidiau pêl droed er mwyn diogelu'r droed yn well mewn ryc a sgarmes.

★ Mae gwisgo penwisg wedi padio'n syniad da.

★ Mae hawl gwisgo padiau ysgwydd a choesarfau.

★ Gall chwaraewyr wisgo menig di-fys.

DA A DRWG

Dyma rai pethau pwysig i'w cofio wrth chwarae rygbi:

★ **Taclo:** Does dim hawl taclo chwaraewr arall os nad yw ei draed ar y ddaear. Dim ond yr un sy'n cario'r bêl sy'n gallu cael ei daclo.

★ **Pasio:** Mae'n bosib cicio a rhedeg gyda'r bêl. Does dim hawl pasio'r bêl ymlaen.

★ **Troseddu:** Does dim hawl bod yn fygythiol nac achosi niwed bwriadol i chwaraewr arall.

SAFLE A RÔL

Mae gan bob tîm rygbi'r undeb 15 o chwaraewyr, sy'n cynnwys wyth o flaenwyr a saith o olwyr. Mae gan bob safle rôl arbennig i'w chwarae yn y gêm a phob un yn gweddu i chwaraewyr o faint a siâp gwahanol.

DEWIS SAFLE

Cyn dechrau chwarae gêm, mae'n rhaid dewis safle. Rho gynnig ar wahanol safleoedd er mwyn gweld pa un yw dy hoff safle.

BLAENWYR

Y blaenwyr yw'r ddau brop, y bachwr, y ddau glo, y blaenasgellwyr a'r wythwr. Maen nhw'n tueddu bod yn fawr ac yn drwm. Nhw sy'n gwisgo'r crysau â'r rhifau 1–8.

OLWYR

Yr olwyr yw'r mewnwr, y maswr, yr asgellwyr, y canolwyr a'r cefnwr. Maen nhw'n tueddu bod yn llai ac yn fwy chwim. Nhw sy'n gwisgo'r crysau â'r rhifau 9–15.

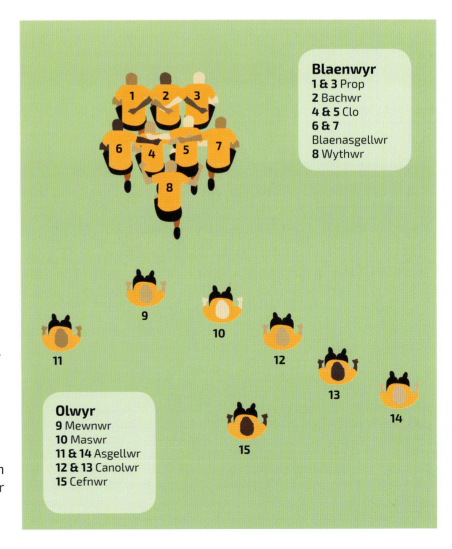

Blaenwyr
1 & 3 Prop
2 Bachwr
4 & 5 Clo
6 & 7 Blaenasgellwr
8 Wythwr

Olwyr
9 Mewnwr
10 Maswr
11 & 14 Asgellwr
12 & 13 Canolwr
15 Cefnwr

BACHWR

Y bachwr sy'n gwisgo crys rhif 2. Yn y sgrym, mae'n chwarae yn y rheng flaen ac yn trio bachu'r bêl am yn ôl â'i droed.

★ **Ystwythder:** Mae'n helpu i ennill y bêl dan bwysau yn y sgrym, ryc neu'r sgarmes.

★ **Trafod y bêl:** Mae'n cario'r bêl tuag at linell gôl y gwrthwynebwyr.

★ **Cywirdeb:** Mae'n taflu'r bêl i'r llinell. Ffordd o ailddechrau'r gêm wedi i'r bêl groesi'r ystlys (ochr y cae chwarae) yw'r llinell.

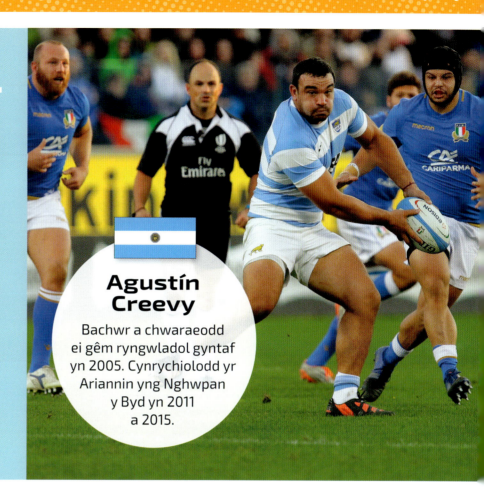

Agustín Creevy

Bachwr a chwaraeodd ei gêm ryngwladol gyntaf yn 2005. Cynrychiolodd yr Ariannin yng Nghwpan y Byd yn 2011 a 2015.

PROP

Mae dau brop mewn tîm rygbi a nhw sy'n gwisgo'r crysau rhif 1 a 3. Fel arfer, nhw yw'r chwaraewyr cryfaf ac maen nhw'n helpu gyda'r amddiffyn a'r ymosod.

★ **Cryfder:** Maen nhw'n codi'r clo ac yn gwthio gwrthwynebwyr yn y sgrym.

★ **Trafod y bêl:** Maen nhw'n cario'r bêl ymlaen ar ran y tîm.

★ **Taclo:** Maen nhw'n rhwystro ymosodiadau ac yn ennill meddiant o'r bêl.

Manasa Saulo

Chwaraewr pwerus dros ben o Fiji a helpodd ei wlad i ennill Cwpan Cenhedloedd y Môr Tawel yn 2015, 2017 a 2018.

CLO

Mae dau glo mewn tîm rygbi a nhw sy'n gwisgo'r crysau rhif 4 a 5. Fel arfer, nhw yw'r chwaraewyr talaf, a 'pheiriant' y tîm.

★ **Cryfder:** Maen nhw'n helpu'r tîm yn y sgrym, ryc a'r sgarmes.

★ **Dal y bêl:** Maen nhw'n dal ac yn cadw'u gafael ar y bêl yn y llinell.

★ **Taclo:** Maen nhw'n rhwystro ymosodiadau ac yn adennill meddiant o'r bêl.

Maro Itoje

Clo a chwaraeodd ran flaenllaw ym Mhencampwriaeth y Chwe Gwlad yn 2016, pan enillodd Lloegr. Roedd Itoje hefyd yn aelod o garfan 2017 y Llewod.

BLAENASGELLWR

Mae dau flaenasgellwr mewn tîm rygbi a nhw sy'n gwisgo'r crysau rhif 6 a 7. Fel arfer, nhw yw'r chwaraewyr cyflymaf ac yn cystadlu am y bêl yn y ryc.

★ **Ffitrwydd:** Mae angen llawer o egni arnyn nhw allu cystadlu trwy gydol y gêm.

★ **Cryfder:** Mae'n rhaid iddyn nhw helpu'r tîm yn y ryc, sgarmes a'r sgrym.

★ **Taclo:** Maen nhw'n rhwystro ymosodiadau ac yn ennill meddiant o'r bêl.

Michael Hooper

Blaenasgellwr a gafodd ei enwi'n chwaraewr gorau Awstralia yn 2013 a 2016. Daeth yn gapten ar Awstralia yn 2017.

WYTHWR

Yn rhyfedd iawn, mae wythwr y tîm yn gwisgo crys rhif 8! Mae disgwyl iddo gario'r bêl drwy'r gwrthwynebwyr a helpu gyda'r amddiffyn.

★ **Trafod y bêl:** Maen nhw'n cario'r bêl ac yn creu cyfleoedd i'r tîm.

★ **Lleoliad:** Mae'n rhaid iddyn nhw fod yn agos at y chwaraewr sydd â'r bêl.

★ **Taclo:** Maen nhw'n rhwystro ymosodiad ac yn ennill meddiant o'r bêl.

Kieran Read

Wythwr a chapten y Crysau Duon a chwaraeodd ei gêm ryngwladol cyntaf yn 2008. Chwaraewr dawnus sydd wedi helpu Seland Newydd i ennill Cwpan y Byd yn 2011 a 2015.

MEWNWR

Y mewnwr sy'n gwisgo'r crys rhif 9. Dyma'r ddolen gyswllt rhwng y blaenwyr a'r olwyr ar y cae.

★ **Trafod y bêl:** Mae'n bwydo'r bêl yn gywir i mewn i'r sgrym ac yn ei chasglu o'r cefn wedyn.

★ **Pasio'r bêl:** Mae'n dechrau ymosod cyn gynted ag y llwydda i gael ei afael ar y bêl o'r sgrym.

★ **Meddwl chwim:** Mae'n gallu gwneud y penderfyniad cywir cyn hyd yn oed cael ei ddwylo ar y bêl.

Morgan Parra

Mae'r seren o fewnwr o Ffrainc yn cael ei adnabod fel 'Le Petit Général', sy'n golygu 'Y Cadfridog Bach'. Helpodd Parra ei wlad i ennill y Gamp Lawn ym Mhencampwriaeth y Chwe Gwlad yn 2010.

Finn Russell

Maswr yr Alban sydd wedi bod yn chwaraewr pwysig i'w wlad ers ei ymddangosiad cyntaf yn 2014. Sgoriodd gais yng ngêm gyntaf yr Alban yng Nghwpan y Byd 2015.

MASWR

Mae'r maswr yn gwisgo'r crys rhif 10. Mae'n gyfrifol am gicio at y pyst ac am reoli cyflymder y gêm ar ran y tîm.

★ **Cicio:** Mae'n cicio'r bêl yn gywir o'r dwylo ac o'r ti plastig (y teclyn bach sy'n helpu dal y bêl ar lawr i'w chicio), wrth drosi a chymryd ciciau cosb.

★ **Gweledigaeth:** Mae'n sylwi'n gynnar ar beryglon a chyfleoedd i ymosod.

★ **Arwain:** Mae'n gyfrifol am benderfynu newid cyfeiriad y gêm.

Damian de Allende

Canolwr sydd wedi chwarae'n gyson i Dde Affrica ers 2014. Helpodd y Springboks i orffen yn y trydydd safle yng Nghwpan y Byd 2015.

CANOLWR

Mae gan bob tîm ganolwr ochr fewn (rhif 12) a chanolwr tu allan (rhif 13).

★ **Symudiad:** Maen nhw'n rhedeg i ofod, yn ochrgamu, ac yn gwyrgamu er mwyn agor y chwarae i fyny ar gyfer eu cyd-chwaraewyr.

★ **Dosbarthu:** Maen nhw'n defnyddio sgiliau cicio a phasio i gyfeirio ymosodiadau.

★ **Taclo:** Maen nhw'n rhwystro olwyr y tîm arall rhag symud ymlaen tuag at y llinell gais â'r bêl yn eu meddiant.

CEFNWR

Y cefnwr (rhif 15) yw amddiffynwr olaf y tîm. Mae disgwyl iddo hefyd helpu wrth ymosod.

★ **Dal y bêl:** Mae'n derbyn y ciciau uchel dan bwysau gan y gwrthwynebwyr.

★ **Cicio:** Mae'n cicio'r bêl yn hir a chywir er mwyn osgoi perygl.

★ **Cyflymder:** Mae'n ymuno â'r olwyr gan helpu i wrthymosod.

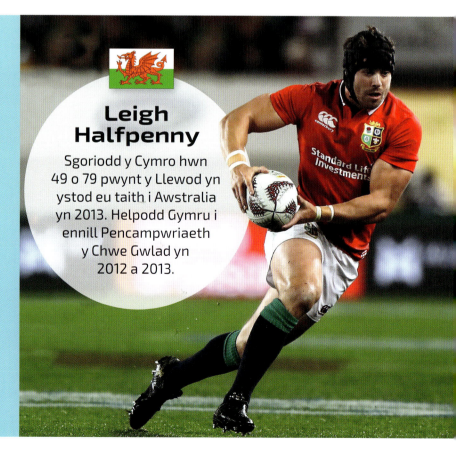

Leigh Halfpenny

Sgoriodd y Cymro hwn 49 o 79 pwynt y Llewod yn ystod eu taith i Awstralia yn 2013. Helpodd Gymru i ennill Pencampwriaeth y Chwe Gwlad yn 2012 a 2013.

Jacob Stockdale

Daeth yr asgellwr hwn yn gyfartal â'r nifer uchaf o geisiau erioed (saith) i'w sgorio yn y Chwe Gwlad. Cafodd ei enwi'n Chwaraewr y Bencampwriaeth wedi i Iwerddon ennill y Gamp Lawn yn y Chwe Gwlad yn 2018.

ASGELLWR

Mae gan bob tîm asgellwr chwith (rhif 11) ac asgellwr de (rhif 14). Fel arfer, dyma'r chwaraewyr cyflymaf a'r prif sgorwyr ceisiau.

★ **Cicio:** Maen nhw'n cicio'r bêl o'u dwylo ac o'r ti.

★ **Gweledigaeth:** Maen nhw'n gweld perygl a chyfleoedd i ymosod yn gynnar.

★ **Arwain:** Maen nhw'n gwneud penderfyniadau mawr sy'n newid siâp a chwrs y gêm.

HEN WYNEBAU

Gall chwaraewyr sy'n gallu sgorio pwyntiau ac arwain y tîm newid cyfeiriad gêm neu bencampwriaeth. Mae Cwpan y Byd y merched a'r dynion wedi rhoi cyfle i ni weld rhai o chwaraewyr mwyaf talentog y byd.

Jonah Lomu

Lomu oedd y prif sgoriwr ceisiau mewn dau Gwpan y Byd. Sgoriodd bedwar cais yn ystod perfformiad epig yn y gêm rownd gynderfynol yn erbyn Lloegr yn 1995. Yn anffodus, methodd â sicrhau'r cwpan wrth i Seland Newydd orffen yn ail yn 1995, ac yn bedwerydd yn 1999.

TÎM	Seland Newydd
SAFLE	Asgellwr
BLWYDDYN	1995, 1999
CEISIAU	15
PWYNTIAU	75

Jonny Wilkinson

Yn 2003, llwyddodd Wilkinson gyda chic adlam yn ystod amser ychwanegol i ennill gêm rownd derfynol Cwpan y Byd yn erbyn Awstralia. Sgoriodd 277 o bwyntiau mewn pedair pencampwriaeth.

TÎM	Lloegr
SAFLE	Maswr
BLWYDDYN	1999, 2003 (ennill), 2007, 2011
CEISIAU	1
PWYNTIAU	277

Katherine Merchant

Helpodd yr asgellwraig dde hon Loegr i gyrraedd y gêm derfynol yn 2010, gan godi'r cwpan yn 2014. Sgoriodd chwe chais yn ystod y ddwy bencampwriaeth.

TÎM	Lloegr
SAFLE	Asgellwraig
BLWYDDYN	2010, 2014 (ennill)
CEISIAU	6
PWYNTIAU	30

SUT I CHWARAE

Er mwyn dechrau chwarae rygbi, mae'n bwysig dysgu'r sgiliau sylfaenol yn gyntaf. Er bod rhedeg yn bwysig, gêm i'r dwylo yw rygbi ar y cyfan. Dyma rai technegau pasio, dal a chario sylfaenol.

SUT I BASIO

Pasio yw un o sgiliau pwysicaf rygbi. Mae'n rhaid i chwaraewyr allu pasio yn y ffordd gywir er mwyn rhoi'r bêl i aelod arall o'u tîm. Gall pasio da fynd â'r tîm i fyny'r cae tuag at y llinell gais yn sydyn. Felly bydd mwy o gyfleon i sgorio pwyntiau ac ennill y gêm.

PÀS SYML

Dyma sut i feistroli'r bàs syml. Y nod yw pasio'r bêl i'r bwlch y mae dy gydchwaraewr yn symud iddo, yn hytrach na dim ond taflu'r bêl tuag ato neu ati.

1

Mae'n rhaid dal y bêl yn y ddwy law a defnyddio'r bysedd i'w rheoli. Dylet ti gadw'r pen i fyny a chadw llygad am gydchwaraewr i basio'r bêl iddo/iddi.

2

Swingia dy freichiau i gyfeiriad y chwaraewyr sydd i dderbyn y bêl. Defnyddia'r llaw bellaf i ffwrdd wrth y targed i wthio'r bêl, a'r llaw arall i'w thywys.

3

Fflicia dy fysedd a'th arddyrnau wedi i ti ryddhau'r bêl. Drwy wneud hynny, bydd dy fysedd yn pwyntio tuag at y targed.

Y bàs droellog

Wedi i ti feistroli'r bàs syml, rho gynnig ar bàs droellog. Mae hon yn fwy o her, ond bydd y bêl yn hedfan yn fwy cywir dros bellter.

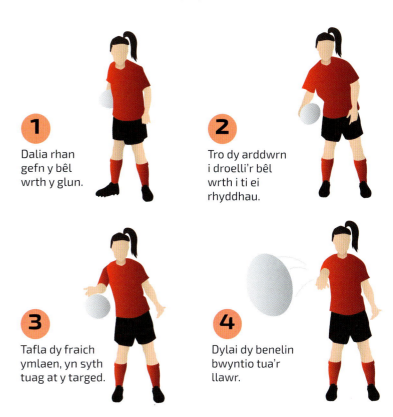

1

Dalia rhan gefn y bêl wrth y glun.

2

Tro dy arddwrn i droelli'r bêl wrth i ti ei rhyddhau.

3

Tafla dy fraich ymlaen, yn syth tuag at y targed.

4

Dylai dy benelin bwyntio tua'r llawr.

Deinameg y bêl

Wrth i'r bêl symud drwy'r aer, mae pedwar grym sylfaenol yn effeithio arni.

Mae grym **codi** yn dal y bêl yn yr awyr.

Mae grym **hyrddiant** yn cael ei greu wrth i'r chwaraewr daflu'r bêl.

Mae grym **llusgo** yn arafu symudiad y bêl yn yr awyr.

Pêl rygbi

Y cyfeiriad y mae'r bêl yn cael ei thaflu.

Mae **disgyrchiant** yn tynnu'r bêl tua'r ddaear.

SUT I DDAL PÊL

Mae'r sgil o ddal pêl yn sylfaenol wrth chwarae rygbi am fod y bêl yn cael ei phasio yn hytrach na'i chicio o un chwaraewr i'r llall. Mae perygl o ollwng y bêl, gan roi cyfle i'r tîm arall ei chasglu a'i dwyn. Dyma sut i gadw'r bêl yn ddiogel yn dy ddwylo.

Daliad syml

Mae'n bwysig fod chwaraewr yn barod i dderbyn pàs ar unrhyw adeg. Dyma ganllawiau syml sy'n dangos sut i ddal pêl rygbi.

1 Cadwa dy lygaid ar y bêl. Estyn dy freichiau, dy ddwylo a'th fysedd i dderbyn y bêl.

2 Defnyddia dwy law i ddal y bêl os yn bosib.

3 Cadwa'r bêl i ffrwdd o'r frest wrth ei derbyn.

Dal pêl sy'n rholio

Gall dal pêl sy'n rholio neu'n adlamu fod yn anodd, yn enwedig mewn amodau gwlyb. Dyma sut i gadw rheolaeth ar bêl sy'n rholio.

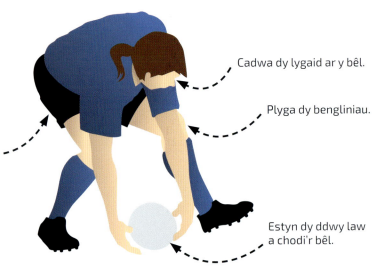

Cadwa dy lygaid ar y bêl.

Plyga dy bengliniau.

Gwna'n siŵr fod dy gorff y tu ôl i'r bêl.

Estyn dy ddwy law a chodi'r bêl.

Dal pêl uchel

Mae dal pêl sydd wedi ei thaflu'n uchel yn anodd, yn enwedig os yw'r gwrthwynebwyr gerllaw. Neidia'n uchel a dal yn gywir i ennill y bêl.

1

Sefyll yn wynebu llwybr y bêl. Cofia gadw dy lygaid ar y bêl bob amser.

2

Mae angen ymestyn y breichiau tuag at y bêl a phlygu dy benelinoedd. Tro'r corff nes bod dy ochr yn wynebu'r gwrthwynebwyr, a chod dy ben-glin i fyny at dy ganol.

3

Dal y bêl yn nes i fyny na lefel y llygaid, a'i thynnu at dy gorff wrth i dy draed lanio ar y ddaear.

SUT I DDAL A CHARIO

Wrth chwarae rygbi, mae'n bwysig fod gyda ti reolaeth llawn o'r bêl wrth i ti ei symud o gwmpas y cae. Dyma ambell gyngor i'th helpu i gario'r bêl yn ddiogel a'i chadw oddi wrth y gwrthwynebwyr.

Cario mewn dwy law

Techneg i'w defnyddio pan na fyddi di'n symud yn gyflym wrth gario'r bêl. Gosod dy fysedd i gyd ar hyd gwnïad gwaelod y bêl. Gosod y ddau fawd ar hyd gwnïad top y bêl i ffurfio siâp cawell. Dalia hi'n gadarn o dy flaen.

Cario mewn un llaw

Defnyddia'r dechneg hon os wyt ti eisiau rhedeg yn gyflym ac osgoi gollwng y bêl. Dal y bêl yn dynn rhwng rhan uchaf dy fraich a dy frest. Dim ond top y bêl ddylai fod yn y golwg.

CYMALAU CHWARAE

Mae gêm rygbi'n cynnwys sawl cymal gwahanol o chwarae sy'n gofyn am sgiliau amrywiol. Bydd angen i ti wybod am bedwar a'u meistroli: y sgarmes, y ryc, y sgrym a'r llinell. Y dyfarnwr sy'n penderfynu pa un fydd yn cael ei ddefnyddio i ailddechrau'r gêm.

Y Sgrym

Mae sgrym yn cael ei defnyddio i ailddechrau'r chwarae wedi mân drosedd. Bydd sgrym hefyd yn digwydd os nad oes modd chwarae'r bêl yn iawn o ryc neu sgarmes. Mae'r blaenwyr yn gwthio yn erbyn ei gilydd er mwyn trio ennill tir. Bydd y mewnwr yn taflu'r bêl i mewn i'r sgrym a'r blaenwyr wedyn yn brwydro i sicrhau'r meddiant.

1

Cyn y gwthiad: cer ar flaen dy draed, plygu ymlaen a chadw dy ben i fyny.

2

Y gwthiad: plyga dy gluniau, cadw dy gluniau uwchben dy benlgliniau ac aros ar flaen dy draed.

Y Sgarmes

Mae sgarmes yn digwydd pan fydd y chwaraewr sy'n cario'r bêl yn cael ei ddal i fyny gan wrthwynebydd cyn i aelod arall o'r tîm ymuno â nhw. Dyma ffordd o gadw rheolaeth o'r bêl a'i symud tuag at linell gais y gwrthwynebwyr. Mewn sgarmes, all y bêl ddim cyffwrdd â'r ddaear.

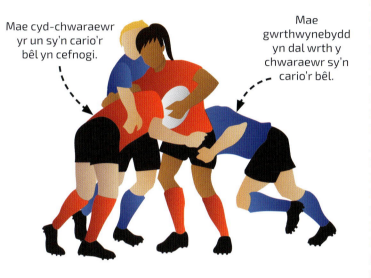

Mae cyd-chwaraewr yr un sy'n cario'r bêl yn cefnogi.

Mae gwrthwynebydd yn dal wrth y chwaraewr sy'n cario'r bêl.

Y Ryc

Mewn ryc, mae chwaraewyr yn cystadlu i ennill y bêl ar y llawr. Mae'n rhaid i un neu fwy o chwaraewyr o bob tîm aros ar eu traed yn agos i'r bêl. Does dim hawl gan y chwaraewyr i drafod y bêl â'u dwylo yn y ryc. Mae'n rhaid iddyn nhw ei bachu hi yn ôl gyda'u traed neu wthio'r gwrthwynebwyr oddi ar y bêl yn lle hynny.

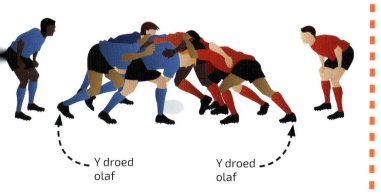

Y droed olaf

Y droed olaf

Dim ond pan fydd y bêl yn dod allan y tu ôl i droed olaf y tîm (yr un bellaf yn ôl) y mae hawl ei chodi.

Y Llinell

Ffordd o ailddechrau gêm wedi i'r bêl fynd dros yr ystlys yw llinell. Bydd blaenwyr y ddau dîm yn ffurfio llinell wrth ochr ei gilydd a'r bachwr yn taflu'r bêl atyn nhw. Bydd un o'r blaenwyr yn cael ei godi er mwyn trio dal y bêl yn yr awyr. Gall blaenwyr y ddau dîm gystadlu am y meddiant. Mae'n rhaid cael o leiaf ddau chwaraewr o bob tîm i ffurfio llinell.

33

CICIAU COSB

Mae tair ffordd wahanol o ailddechrau gêm gyda chic yn dilyn trosedd. Bydd yn rhaid i'r tîm sy'n ildio'r gic symud yn ôl 10 m (11 llath), neu at eu llinell gôl, os yw honno'n agosach. Gall y tîm sydd wedi ennill y gic gosb aros yn eu hunfan a defnyddio un o'r tair math o gic gosb.

Cic fach sydyn

Cic fach sydyn yw'r ffordd gyflymaf o ailddechrau gêm yn dilyn trosedd. Dim ond un chwaraewr sydd angen ar gyfer y fath yma o gic, ac mae'n cael ei defnyddio i geisio twyllo'r gwrthwynebwyr. Bydd chwaraewr yn gollwng y bêl ar ei droed, ac yn ei chicio hi i fyny gydag ochr y droed. Y cam nesaf yw ei dal hi yn eu dwylo a rhedeg y bêl ymlaen.

Cic at y gôl

Ffordd uniongyrchol o sgorio pwyntiau yw'r gic at y gôl. Mae'r chwaraewr yn cicio'r bêl oddi ar y ddaear gan ddefnyddio ti plastig ac yn trio'i chodi dros y trawst a rhwng y pyst. Mae cic lwyddiannus yn sgorio tri phwynt.

Rho'r bêl ar y ti plastig a chodi a chamu yn ôl yn barod i gymryd y gic.

Dechreua redeg at y bêl, gan ddod â'r droed sydd ddim yn cicio yn agos at y ti plastig.

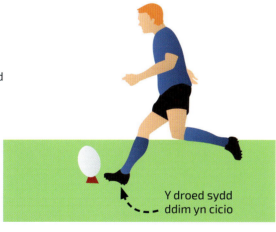

Y droed sydd ddim yn cicio

Dylet ti daro'r bêl tua un rhan o dair o'r ffordd i fyny gan ddilyn drwodd.

Cicio dros yr ystlys

Gall cic dros yr ystlys symud tîm yn agosach tuag at linell gôl y gwrthwynebwyr. Y tîm sy'n cicio'r bêl fydd yn cael taflu'r bêl i mewn i'r llinell o'r man y croesodd hi'r ystlys. Mae hawl cicio cic gosb sy'n cael ei chymryd o flaen llinell 22 m y tîm (24 llath) yn uniongyrchol dros yr ystlys.

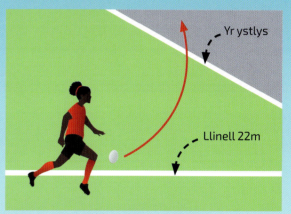

Yr ystlys

Llinell 22m

Mae'n rhaid gollwng a chicio'r bêl o'r dwylo mor bell â phosib dros yr ystlys.

Wedyn, bydd bachwr dy dîm yn taflu'r bêl i mewn i'r llinell.

HEN WYNEBAU

Mae chwaraewyr arwrol yn llwyddo'n arbennig i gyfuno sgiliau cario a phasio'r bêl yn ddiymdrech a symud yn agosach at linell gais y gwrthwynebwyr. Yn ystod un pencampwriaeth, mae'n rhaid i chwaraewr basio'r bêl gannoedd o weithiau.

Sébastien Chabal

Roedd y Ffrancwr â'i farf enwog yn rhan o garfan Les Bleus (tîm cenedlaethol Ffrainc) yng Nghwpan y byd 2003 a 2007. Ar y ddau achlysur, collodd y tîm yn erbyn Lloegr yn y rowndiau cyn-derfynol – y tro cyntaf yn Awstralia a'r eildro, gartref yn Ffrainc.

TÎM	Ffrainc
SAFLE	Wythwr / Clo
BLWYDDYN	2003, 2007
DYDDIAD GENI	8 Rhagfyr, 1977
YN WREIDDIOL O	Valence, Ffrainc

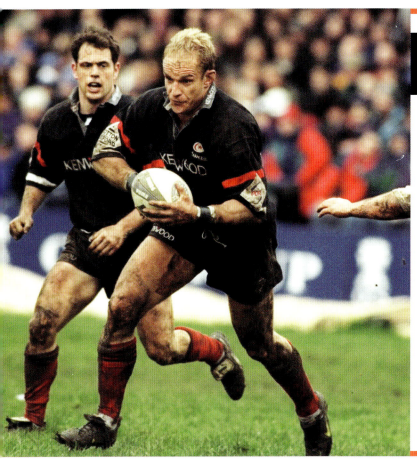

Francois Pienaar

Mae capten De Affrica yn 1995 yn cael ei gofio'n bennaf am y foment hanesyddol honno pan dderbyniodd gwpan y gystadleuaeth oddi wrth arlywydd ei wlad, Nelson Mandela.

TÎM	De Affrica
SAFLE	Blaenasgellwr
BLWYDDYN	1995
DYDDIAD GENI	1 Ionawr, 1967
YN WREIDDIOL O	Vereeniging, De Affrica

Anna Richards

Enillodd y faswraig hon Gwpan y Byd bedair gwaith yn olynol rhwng 1998 a 2010 gyda thîm merched Seland Newydd, y Rhedyn Duon (Black Ferns).

TÎM	Seland Newydd
SAFLE	Maswraig
BLWYDDYN	1991, 1998, 2002, 2006, 2010
DYDDIAD GENI	3 Rhagfyr, 1964
YN WREIDDIOL O	Timaru, Seland Newydd

HANES CWPAN Y BYD

Cafodd cystadleuaeth Cwpan Rygbi'r Byd i ddynion ei chynnal am y tro cyntaf yn Awstralia a Seland Newydd yn 1987. O'r cychwyn cyntaf, mae'r digwyddiad wedi bod yn llawn hud a lledrith.

Y DREFN

Mae ugain gwlad yn cael eu dethol (ar sail eu canlyniadau diweddar) a'u rhannu'n bedwar grŵp o bump. Bydd pob tîm o fewn y grŵp hwnnw'n chwarae unwaith yn erbyn ei gilydd, a'r ddau dîm sy'n cyrraedd y brig yn symud ymlaen i rownd y chwarteri. Wedyn, bydd yr wyth tîm sy'n weddill yn chwarae yn erbyn ei gilydd a'r collwyr yn gadael y gystadleuaeth. Y tîm sy'n llwyddo i ennill y gêm derfynol sy'n cael eu coroni'n bencampwyr y byd.

Cwpan y Byd cyntaf erioed

Roedd Undebau Rygbi Awstralia a Seland Newydd eisiau i Gwpan y Byd fod yn gystadleuaeth rygbi ar gyfer holl wledydd y byd. Cafodd y syniad ei dderbyn gan wledydd eraill y gamp yn 1985. Daeth 16 gwlad at ei gilydd i gystadlu am Gwpan y Byd y tro cyntaf ym mis Mai a Mehefin 1987.

PWY A BLE

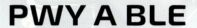

★ **1987**
Enillwyr – Seland Newydd
Lleoliad – Awstralia a
Seland Newydd

★ **1991**
Enillwyr – Awstralia
Lleoliad – Ewrop

★ **1995**
Enillwyr – De Affrica
Lleoliad – De Affrica

★ **1999**
Enillwyr – Awstralia
Lleoliad – Cymru

★ **2003**
Enillwyr – Lloegr
Lleoliad – Awstralia

★ **2007**
Enillwyr – De Affrica
Lleoliad – Ffrainc

★ **2011**
Enillwyr – Seland Newydd
Lleoliad – Seland Newydd

★ **2015**
Enillwyr – Seland Newydd
Lleoliad – Lloegr

JAPAN 2019

Mae nawfed pencampwriaeth Cwpan Rygbi'r Byd yn cael ei chynnal yn Asia am y tro cyntaf. Dewisiwyd Japan fel lleoliad o flaen yr Eidal a De Affrica.

Y TIMAU

- ★ Awstralia
- ★ Canada
- ★ Cymru
- ★ De Affrica
- ★ Fiji
- ★ Ffrainc
- ★ Georgia
- ★ Iwerddon
- ★ Japan
- ★ Lloegr
- ★ Namibia
- ★ Rwsia
- ★ Samoa
- ★ Seland Newydd
- ★ Tonga
- ★ Uruguay
- ★ Yr Alban
- ★ Yr Ariannin
- ★ Yr Eidal
- ★ Yr Unol Daleithiau

20 TÎM

JAPAN YNG NGHWPAN Y BYD

Mae Japan wedi cystadlu ym mhob un cystadleuaeth Cwpan y Byd. Cafodd y tîm eu perfformiad gorau yn 2015, pan enillon nhw dair gêm allan o bedair.

Ble?

Bydd y gystadleuaeth yn cael ei chynnal rhwng 20 Medi a 2 Tachwedd 2019 mewn 12 lleoliad ar hyd a lled y wlad.

Tokyo

SÔN AM STADIWM

★ Yn y Stadiwm Cenedlaethol (sef Stadiwm Nissan) yn Yokohama y bydd y gêm derfynol yn cael ei chynnal ar 2 Tachwedd, 2019.

★ Mae lle i 72,367 o gefnogwyr yn y Stadiwm Cenedlaethol, a dyma stadiwm mwyaf y gystadleuaeth.

★ Agorodd ym mis Mawrth 1998 ar gost o £495 miliwn.

★ Mae amrywiaeth o gyngherddau a chystadleuthau chwaraeon wedi eu cynnal yno, yn cynnwys rownd derfynol Cwpan Pêl Droed y Byd yn 2002.

Y Stadiwm Cenedlaethol, Yokohama

Y GARFAN

31

Bydd prif hyfforddwr pob carfan yn dewis 31 chwaraewyr i fynd i Gwpan y Byd.

CWPAN Y BYD MEWN RHIFAU

12 Y NIFER O CHWARAEWYR I SGORIO 3 CHAIS MEWN UN GÊM

Yn cynnwys Ieuan Evans
(Cymru yn erbyn Canada, 1995)

277

Y NIFER FWYAF O BWYNTIAU I'W SGORIO YNG NGHWPAN Y BYD

Jonny Wilkinson
(Lloegr)

126

Y NIFER FWYAF O BWYNTIAU I'W SGORIO MEWN UN CWPAN Y BYD

Grant Fox
(Seland Newydd, 1987)

45

Y NIFER FWYAF O BWYNTIAU MEWN UN GÊM

Simon Culhane
(Seland Newydd yn erbyn Japan, 1995)

CWPAN Y BYD Y MERCHED 2017

Cwpan y Byd y Merched yn Iwerddon yn 2017 oedd y mwyaf yn hanes y gystadleuaeth. Tyrrodd **45,412** o gefnogwyr i wylio'r gemau yno, gan osod record newydd. Ym Mhrydain, gwyliodd **2.65 miliwn** o bobl y gêm derfynol rhwng Lloegr a Seland Newydd ar y teledu.

65

Y NIFER FWYAF O BWYNTIAU MEWN UN BENCAMPWRIAETH

Portia Woodman
(Seland Newydd)

CYFANSWM Y NIFER FWYAF O GEISIAU

15

Bryan Habana (De Affrica)
Jonah Lomu (Seland Newydd)

Y NIFER FWYAF O GEISIAU MEWN UN GÊM

6

Marc Ellis
(Seland Newydd yn erbyn Japan, 1995)

Y NIFER FWYAF O GICIAU ADLAM MEWN UN GÊM

5

Jannie de Beer
(De Affrica yn erbyn Lloegr, 1999)

Y NIFER FWYAF O DROSIADAU MEWN UN CWPAN Y BYD

30

Grant Fox
(Seland Newydd, 1987)

Y NIFER FWYAF O GICIAU COSB MEWN UN CWPAN Y BYD

31

Gonzalo Quesada
(Yr Ariannin, 1999)

40

Y CHWARAEWR HYNAF 40 MLYNEDD A 26 DIWRNOD OED

Diego Ormaechea yn 1999
(Uruguay)

18

Y CHWARAEWR IEUENGAF 18 MLYNEDD A 349 DIWRNOD OED

Vasil Lobzhanidze yn 2015
(Georgia)

117

Y NIFER FWYAF O DACLAU

Maria Ribera
(Sbaen)

299

Y NIFER FWYAF O BWYNTIAU I UN TÎM

Seland Newydd

49

Y NIFER FWYAF O GEISIAU I UN TÎM

Seland Newydd

1,002

Y NIFER FWYAF O DACLAU GAN DÎM

Japan

Daw ystadegau Cwpan Rygbi Merched y Byd o 2017 am nad oes data dibynadwy o flynyddoedd eraill ar gael.

 **Lloegr**

 Ffrainc

 Cymru

Mae tîm rygbi Lloegr yn chwarae eu gemau cartref yn Twickenham ar gyrion Llundain ac maen nhw wedi ennill y bencampwriaeth ar 38 achlysur (10 ar y cyd). Pan fydd gwledydd yn gyfartal yn y tabl o ran pwyntiau, maen nhw'n ennill ar y cyd.

Yn 1910 y chwaraeodd tîm cenedlaethol Ffrainc, Les Bleus, yn y bencampwriaeth am y tro cyntaf. Dyna pryd y tyfodd y bencampwriaeth o bedair gwlad i bump. Mae Ffrainc wedi dod i'r brig 25 o weithiau (wyth ar y cyd) ers hynny.

Mae Cymru wedi ennill y bencampwriaeth ar 39 achlysur gan sicrhau'r Gamp Lawn (pan fydd tîm yn curo pob tîm arall yn y gystadleuaeth), 12 o weithiau yn cynnwys 2019. Ar ddiwedd y gystadleuaeth honno, nhw oedd yn yr ail safle yn nhabl timau gorau'r byd.

Y CHWE GWLAD

Cymru yw Pencampwyr y Chwe Gwlad yn 2019. Mae Pencampwriaeth y Chwe Gwlad yn gystadleuaeth sy'n digwydd yn ystod mis Chwefror a Mawrth bob blwyddyn. Cymru, Ffrainc, Iwerddon, Lloegr, Yr Alban a'r Eidal sy'n cystadlu am y cwpan. Ar wahân i Gwpan y Byd, dyma'r gystadleuaeth bwysicaf i bob un o'r gwledydd yma. Dyma'r gystadleuaeth ddaeth yn lle Pencampwriaeth y Pedair a'r Pum Gwlad.

Y DECHRAU ...

Pedair gwlad oedd yn y bencampwriaeth ar y dechrau yn 1883, sef Cymru, Iwerddon, Lloegr a'r Alban.

 **Yr Alban**

Un o dimau gwreiddiol y bencampwriaeth, ochr yn ochr â Lloegr, Cymru ac Iwerddon. Maen nhw wedi codi'r cwpan ar 24 achlysur (naw ar y cyd), gan ennill y Gamp Lawn dair gwaith. Nhw enillodd pencampwriaeth olaf y Pum Gwlad yn 1999.

 Iwerddon

Iwerddon enillodd Bencampwriaeth y Chwe Gwlad yn 2014, 2015 a 2018 (Y Gamp Lawn) ac maen nhw wedi dod i'r brig 23 tro i gyd (naw ar y cyd). Yn 1894 yr enillon nhw'r bencampwriaeth am y tro cyntaf.

 Yr Eidal

Ymunodd yr Eidal â'r bencampwriaeth yn 2000, gan ffurfio'r Chwe Gwlad. Enillon nhw eu gêm gyntaf erioed yn y gystadleuaeth yn erbyn y cyn-bencampwyr, yr Alban. Ond hyd yn hyn, nid yw'r 'Azzurri' wedi ennill y bencampwriaeth.

Ffigyrau'n seiliedig ar y sefyllfa yn dilyn Pencampwriaeth y Chwe Gwlad yn 2019.

Y SÊR I'W GWYLIO

Bydd chwaraewyr rygbi gorau'r byd i'w gweld yng Nghwpan y Byd 2019 yn Japan, a phob un yn cystadlu am wobr fwyaf y gamp. Dyma rai o'r chwaraewyr mwyaf cyffrous fydd yno.

Jonathan Davies

Canolwr gwych tîm Cymru a'r Scarlets. Chwaraeodd yn rownd gyn-derfynol Cwpan y Byd yn 2011 ac a enillodd y Gamp Lawn yn 2019. Bydd Davies yn awyddus i wneud ei farc ar ôl colli cystadleuaeth 2015 drwy anaf.

TÎM	Cymru
SAFLE	Canolwr
BLWYDDYN	2011
DYDDIAD GENI	5 Ebrill, 1988
YN WREIDDIOL O	Solihull, Lloegr ond wedi ei fagu yn Bancyfelin, Cymru

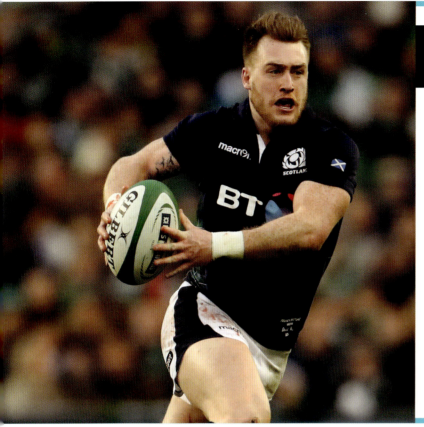

 ## Stuart Hogg

Cefnwr oedd yn amlwg iawn i'r Alban yng Nghwpan y Byd 2015, pan gyrhaeddon nhw rownd y chwarteri. Wedi anaf ar ddechrau 2019, mae disgwyl iddo fod nôl ar ei orau erbyn cyrraedd Japan.

TÎM	Yr Alban
SAFLE	Cefnwr
BLWYDDYN	2015
DYDDIAD GENI	24 Mehefin, 1992
YN WREIDDIOL O	Melrose, Yr Alban

 ## Sergio Parisse

Capten yr Eidal a'r chwaraewr sydd wedi ennill y nifer fwyaf o gapiau i'w wlad, dyma un o wythwyr gorau'r byd. Yn 36 mlwydd oed, o bosib mai dyma fydd ei Gwpan y Byd olaf, felly bydd ar dân i wneud ei orau.

TÎM	Yr Eidal
SAFLE	Wythwr
BLWYDDYN	2003, 2007, 2011, 2015
DYDDIAD GENI	12 Medi, 1983
YN WREIDDIOL O	La Plata, Yr Ariannin

Beauden Barrett

Un o chwaraewyr gorau'r byd. Wedi ei enwi'n Chwaraewr Rygbi'r Byd Gorau'r Flwyddyn ddwywaith, fe sgoriodd gais olaf Seland Newydd i ennill o 34-17 yng ngêm rownd derfynol Cwpan y Byd 2015 yn erbyn Awstralia.

TÎM	Seland Newydd
SAFLE	Maswr
BLWYDDYN	2015
DYDDIAD GENI	27 Mai, 1991
YN WREIDDIOL O	New Plymouth, Seland Newydd

Kenki Fukuoka

Asgellwr a chwaraeodd ei gêm gyntaf dros Japan yn erbyn Ynysoedd y Ffilipinau yn 2013. Roedd yn aelod o garfan Japan yng Nghwpan y Byd 2015 a enillodd dair allan o'i pedair gêm.

TÎM	Japan
SAFLE	Asgellwr
BLWYDDYN	2015
DYDDIAD GENI	7 Medi, 1992
YN WREIDDIOL O	Fukuoka, Japan

Teddy Thomas

Asgellwr a sgoriodd dri chais dros Ffrainc ar ei ymddangosiad cyntaf dros ei wlad. Wedi cael ei adael allan o garfan Cwpan y Byd y Les Bleus yn 2015, bydd yn awchu i ddangos ei sgiliau ar y llwyfan mawr.

TÎM	Ffrainc
SAFLE	Asgellwr
BLWYDDYN	–
DYDDIAD GENI	18 Medi, 1993
YN WREIDDIOL O	Biarritz, Ffrainc

David Pocock

Seren o flaenasgellwr sydd wedi ei enwi'n chwaraewr y flwyddyn ddwywaith. Yn aelod o dîm Awstralia ddaeth yn ail yng Nghwpan y Byd yn 2015, bydd yn awchu am gyrraedd y brig yn Japan.

TÎM	Awstralia
SAFLE	Blaenasgellwr
BLWYDDYN	2011, 2015
DYDDIAD GENI	23 Ebrill, 1988
YN WREIDDIOL O	Gweru, Zimbabwe

Nicolás Sánchez

Mewnwr talentog tîm rygbi dynion Yr Ariannin, y Pumas, sy'n gywir iawn ei anel. Fe oedd prif sgoriwr Cwpan y Byd yn 2015 gyda 97 pwynt, gan sgorio 20 cic gosb a helpu'r Ariannin i gyrraedd y pedwerydd safle.

TÎM	Yr Ariannin
SAFLE	Maswr
BLWYDDYN	2011, 2015
DYDDIAD GENI	26 Hydref, 1988
YN WREIDDIOL O	San Miguel de Tucumán, Yr Ariannin

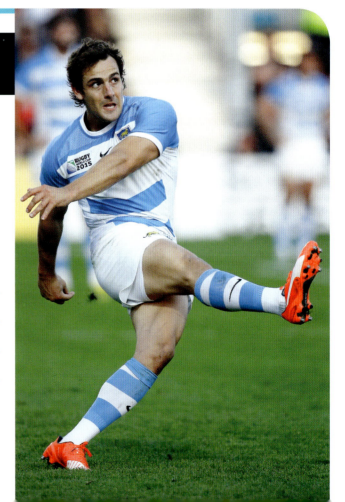

Owen Farrell

Mae Farrell yn ail ar restr sgorwyr pwyntiau uchaf Lloegr erioed. Cafodd bencampwriaeth siomedig yn 2015 pan fethodd Lloegr â dod allan o'u grŵp am y tro cyntaf. Ac yntau bellach yn gapten, bydd ei nod ar well perfformiad i'w dîm yn 2019.

TÎM	Lloegr
SAFLE	Maswr
BLWYDDYN	2015
DYDDIAD GENI	24 Medi, 1991
YN WREIDDIOL O	Billinge, Lloegr

51

Siya Kolisi

Kolisi fydd Capten De Affrica yn Japan 2019. Dim ond 34 munud o chwarae a gafodd ym mhencampwriaeth 2015, felly bydd yn awyddus i arwain y Springboks i'r brig. Yn 1995 yr enillodd De Affrica Gwpan y Byd y tro diwethaf.

TÎM	De Affrica
SAFLE	Blaenasgellwr
BLWYDDYN	2015
DYDDIAD GENI	16 Mehefin, 1991
YN WREIDDIOL O	Zwide, De Affrica

Bundee Aki

Roedd yn amlwg iawn wrth ennill y Gamp Lawn ym mhencampwriaeth y Chwe Gwlad yn 2018, er mai dim ond ers pedwar mis yr oedd wedi bod yn aelod o'r tîm.

TÎM	Iwerddon
SAFLE	Canolwr
BLWYDDYN	–
DYDDIAD GENI	7 Ebrill, 1990
YN WREIDDIOL O	Auckland, Seland Newydd

Sonatane Takulua

Chwaraeodd y mewnwr hwn yng Nghwpan y Byd 2015 a bydd yn ddewis cyntaf i dîm Tonga eto yn 2019. Fe sgoriodd y nifer fwyaf o bwyntiau yng Nghwpan Gwledydd y Môr Tawel yn 2017, gyda chyfanswm o 25 pwynt.

TÎM	Tonga
SAFLE	Mewnwr
BLWYDDYN	2015
DYDDIAD GENI	11 Ionawr, 1991
YN WREIDDIOL O	Lapaha, Tonga

53

TIMAU ARWROL

Dyma rai o'r timau anhygoel sydd wedi sicrhau eu lle yn y llyfrau hanes yn dilyn eu perfformiadau gwych ym mhencampwriaeth rygbi fwyaf y byd.

YR ENILLWYR CYNTAF

Seland Newydd oedd y tîm cyntaf i ennill Cwpan Rygbi'r Byd yn dilyn buddugoliaeth swmpus o 29–9 yn erbyn Ffrainc.

DYNION FFRAINC, 2011

Yn erbyn pob disgwyl, cyrhaeddodd Ffrainc gêm y rownd derfynol wedi buddugoliaethau yn erbyn Lloegr ac yna Cymru. Colli o 8–7 wnaethon nhw, mewn gêm glòs yn erbyn y tîm cartref a'r ffefrynau, Seland Newydd.

DYNION DE AFFRICA, 1995

Ar eu hymddangosiad cyntaf erioed yng Nghwpan y Byd, wynebodd y Springboks yr her a hynny ar eu tir eu hunain. Enillon nhw Gwpan Webb Ellis drwy guro Seland Newydd yn y gêm derfynol yn ystod yr amser ychwanegol.

DYNION SELAND NEWYDD, 2011–2015

Wedi ennill Cwpan y Byd yn 2011 ar eu tir eu hunain, y Crysau Duon oedd y tîm cyntaf i amddiffyn y Cwpan yn llwyddiannus yn 2015.

DYNION AWSTRALIA, 1999

Y Wallabies oedd y tîm cyntaf i ennill Cwpan y Byd yn ystod cyfnod proffesiynol rygbi'r undeb (ers 1995). Fe wnaethon nhw guro Ffrainc yn y gêm derfynol yn Stadiwm y Mileniwm, Caerdydd.

MERCHED SELAND NEWYDD, 1998–2010

Y Rhedyn Duon oedd tîm mwyaf llwyddiannus Cwpan Rygbi'r Byd y Merched am 12 mlynedd. Enillon nhw bedair pencampwriaeth yn olynol o 1998, gan ennill bob un o'u 19 gêm.

MERCHED UDA, 1991

Dim ond chwe phwynt ildiodd tîm merched UDA ar eu ffordd i sicrhau Cwpan y Byd yng Nghymru yn y bencampwriaeth gyntaf. Enillon nhw o 19–6 yn erbyn Lloegr yn y gêm rownd derfynol ym Mharc yr Arfau o flaen rhyw 3,000 o gefnogwyr.

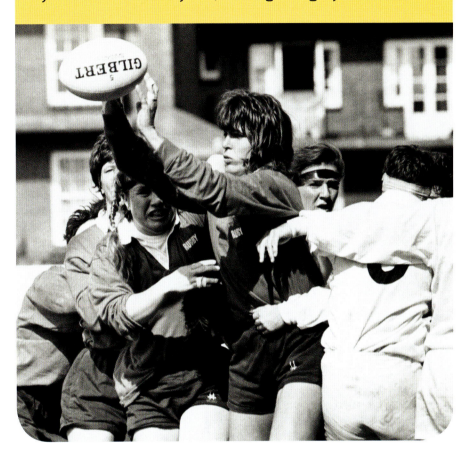

DYNION LLOEGR, 2003

Enillodd Lloegr gêm derfynol Cwpan y Byd am y tro cyntaf drwy guro Awstralia yn Sydney. Llwyddodd Lloegr i ennill yn erbyn De Affrica, Cymru a Ffrainc ar eu ffordd i gipio'r cwpan.

GEMAU ARWROL

Mae cyffro a thensiwn i'w teimlo'n amlwg iawn mewn ambell gêm rygbi. Dyma gyfle i edrych nôl ar rai o'r gemau mwyaf cofiadwy hynny yn hanes rygbi'r byd.

DYNION JAPAN 34–32 DYNION DE AFFRICA, 2015

Buddugoliaeth Japan yn 2015 yn erbyn De Affrica – tîm oedd wedi ennill Cwpan y Byd ddwywaith – oedd un o'r canlyniadau mwyaf annisgwyl yn hanes y bencampwriaeth. Karne Hesketh sgoriodd y cais i sicrhau'r fuddugoliaeth yn ystod munud olaf amser ychwanegol!

MERCHED SELAND NEWYDD 25–17 MERCHED LLOEGR 2006

Gêm yn y rownd derfynol oedd hon rhwng Seland Newydd a Lloegr. Yn dilyn perfformiad ardderchog gan y faswraig, Anna Richards, fe enillon nhw eu trydydd Cwpan Byd yn olynol.

DYNION AWSTRALIA 17–20 DYNION LLOEGR, 2003

Gallai'r naill dîm neu'r llall fod wedi ennill y gêm glòs hon yn Sydney. Brwydrodd Awstralia'n galed gyda Lote Tuqiri'n sgorio cais wedi chwe munud yn unig. Ond, Lloegr enillodd y dydd gyda chic adlam gan Jonny Wilkinson yn ystod amser ychwanegol, gan gipio'r cwpan o ddwylo'r deiliaid ar eu tir eu hunain.

DYNION FFRAINC 20–18 DYNION SELAND NEWYDD, 2007

Yn rownd y chwarteri yn 2007, aeth Ffrainc o fod 13–3 ar ei hôl hi ar hanner amser, i guro Seland Newydd, a oedd ymysg ffefrynau'r bencampwriaeth. Yannick Jauzion sgoriodd y cais i sicrhau'r fuddugoliaeth i Ffrainc.

MERCHED CANADA 18–16 MERCHED FFRAINC, 2014

Er i ferched y Les Blues frwydro'n galed wrth i'r gêm ddirwyn i ben, cafwyd cryn sioc pan gollodd Ffrainc ar eu tir eu hunain yn erbyn Canada. Sgoriwyd cais y gêm gan Magli Harvey, gan fynd â Canada i'r gêm derfynol am y tro cyntaf.

DYNION CYMRU 22–21 AWSTRALIA, 1987

Wedi colli i Seland Newydd yn y rownd gyn-derfynol, chwaraeodd Cymru yn erbyn Awstralia am y trydydd safle. Er bod sawl anaf gan Gymru, sgoriodd y tîm dri chais, a'r cefnwr Paul Thorburn yn trosi i ennill y gêm yn yr amser ychwanegol – canlyniad gorau Cymru yng Nghwpan y Byd hyd yn hyn.

DYNION DE AFFRICA 15–12 DYNION SELAND NEWYDD, 1995

Roedd y gêm hon mor chwedlonol nes iddi gael ei throi'n ffilm (Invictus), gyda'r actorion Matt Damon a'r Cymro Julian Lewis Jones yn serenu. Llwyddodd buddugoliaeth anhygoel De Affrica y flwyddyn honno i uno gwlad oedd wedi'i rhannu gan apartheid.

RHESTR ENILLWYR

Er bod llawer o dimau'n cystadlu yn erbyn ei gilydd, dim ond un all gyrraedd y brig. Dyma gyfle i edrych ar bencampwyr y gorffennol, y prif sgorwyr ac enillwyr Cwpan y Byd!

ENILLWYR Y CHWE GWLAD (DYNION)

BLWYDDYN	ENILLWYR
2019	Cymru (Y Gamp Lawn)
2018	Iwerddon (Y Gamp Lawn)
2017	Lloegr
2016	Lloegr (Y Gamp Lawn)
2015	Iwerddon
2014	Iwerddon
2013	Cymru
2012	Cymru (Y Gamp Lawn)
2011	Lloegr
2010	Ffrainc (Y Gamp Lawn)
2009	Iwerddon (Y Gamp Lawn)
2008	Cymru (Y Gamp Lawn)
2007	Ffrainc
2006	Ffrainc
2005	Cymru (Y Gamp Lawn)
2004	Ffrainc (Y Gamp Lawn)
2003	Lloegr (Y Gamp Lawn)
2002	Ffrainc (Y Gamp Lawn)
2001	Lloegr
2000	Lloegr

ENILLWYR Y CHWE GWLAD (MERCHED)

BLWYDDYN	ENILLWYR
2019	Lloegr (Y Gamp Lawn)
2018	Ffrainc (Y Gamp Lawn)
2017	Lloegr (Y Gamp Lawn)
2016	Ffrainc
2015	Iwerddon
2014	Ffrainc (Y Gamp Lawn)
2013	Iwerddon (Y Gamp Lawn)
2012	Lloegr (Y Gamp Lawn)
2011	Lloegr (Y Gamp Lawn)
2010	Lloegr (Y Gamp Lawn)
2009	Lloegr
2008	Lloegr (Y Gamp Lawn)
2007	Lloegr (Y Gamp Lawn)
2006	Lloegr (Y Gamp Lawn)
2005	Ffrainc (Y Gamp Lawn)
2004	Ffrainc (Y Gamp Lawn)
2003	Lloegr (Y Gamp Lawn)
2002	Ffrainc (Y Gamp Lawn)

6 UCHAF SGORWYR Y NIFER FWYAF O BWYNTIAU ERIOED YN Y CHWE GWLAD (DYNION)*

1. Ronan O'Gara (Iwerddon) 557
2. Jonny Wilkinson (Lloegr) 546
3. Stephen Jones (Cymru) 467
4. Neil Jenkins (Cymru) 406
5. Chris Paterson (Yr Alban) 403
6. Owen Farrell (Lloegr) 402

*Does dim gwybodaeth gyfatebol i'w gael ar gyfer y merched.

Sgoriau uchaf hyd at 18 Mawrth 2019

RYGBI'R UNDEB

ENILLWYR CWPAN Y BYD (DYNION)

SELAND NEWYDD	**ENNILL 3** *(1987, 2011, 2015)*
AWSTRALIA	**ENNILL 2** *(1991, 1999)*
DE AFFRICA	**ENNILL 2** *(1995, 2007)*
LLOEGR	**ENNILL 1** *(2003)*

3 UCHAF SGORWYR Y NIFER FWYAF O BWYNTIAU ERIOED YNG NGHWPAN Y BYD (DYNION)

1. Jonny Wilkinson *(Lloegr)* **277**
2. Gavin Hastings *(Yr Alban)* **227**
3. Michael Lynagh *(Awstralia)* **195**

ENILLWYR CWPAN Y BYD (MERCHED)

BL.	ENILLWYR	SGÔR	AIL
2017	Seland Newydd	41–32	Lloegr
2014	Lloegr	21–9	Canada
2010	Seland Newydd	13–10	Lloegr
2006	Seland Newydd	25–17	Lloegr
2002	Seland Newydd	19–9	Lloegr
1998	Seland Newydd	44–12	UD America
1994	Lloegr	38–23	UD America
1991	UD America	19–6	Lloegr

3 UCHAF SGORWYR Y MWYAF O GEISIAU YNG NGHWPAN Y BYD (MERCHED)

1. Portia Woodman *(Seland Newydd)* **13**
2. Elissa Alarie *(Canada)* **6**
3. Magali Harvey *(Canada)* **6**

RYGBI'R GYNGHRAIR

ENILLWYR CWPAN Y BYD (DYNION)

AWSTRALIA	**ENNILL 11** *(1957, 1968, 1970, 1975, 1977, 1985-88, 1989-92, 1995, 2000, 2013, 2017)*
PRYDAIN	**ENNILL 3** *(1954, 1960, 1972)*
SELAND NEWYDD	**ENNILL 1** *(2008)*

3 UCHAF SGORWYR Y NIFER FWYAF O BWYNTIAU YNG NGHWPAN Y BYD ERIOED (DYNION)

1. Johnathan Thurston *(Awstralia)* **124**
2. Mick Cronin *(Awstralia)* **112**
3. Michael O'Connor *(Awstralia)* **108**

ENILLWYR CWPAN Y BYD (MERCHED)

BL.	ENILLWYR	SGÔR	AIL
2017	Awstralia	23–16	Seland Newydd
2013	Awstralia	22–12	Seland Newydd
2008	Seland Newydd	34–0	Awstralia
2005	Seland Newydd	58–0	Maori Seland Newydd
2000	Seland Newydd	26–4	Prydain

3 UCHAF SGORWYR Y NIFER FWYAF O GEISIAU (MERCHED) – *Cwpan y Byd 2017*

1. Honey Hireme *(Seland Newydd)* **13**
2. Karina Brown *(Awstralia)* **6**
3. Isabelle Kelly *(Awstralia)* **6**

Sgoriau uchaf hyd at 1 Ionawr 2019

GEIRFA

amser ychwanegol Yr amser y mae'r dyfarnwr yn ei ychwanegu ar ddiwedd hanner er mwyn gwneud yn iawn am amser a gollwyd wrth stopio ac ailddechrau a thrin anafiadau

apartheid System hanesyddol oedd yn gwahanu pobl ar sail hil, a ddefnyddiwyd yn enwedig yn Ne Affrica yn y gorffennol

blaenwyr Grŵp o chwaraewyr sy'n gwisgo rhifau o 1 i 8 ar eu cefnau sy'n dod at ei gilydd ar gyfer sgrymiau a llinellau ac sy'n cymryd rhan mewn ryciau a sgarmesoedd

blaenwr rhydd Enw sy'n cael ei ddefnyddio i ddisgrifio'r blaenasgellwyr a'r wythwr yn y pac

cae Yr arwynebedd y mae gêm yn cael ei chwarae arno

cais Sgôr o bum pwynt sy'n cael ei roi pan fydd y bêl yn cyrraedd y ddaear ar y llinell gôl (neu'r llinell gais)

Camp Lawn Pencampwriaeth y Chwe Gwlad sy'n cael ei hennill heb golli gêm

camsefyll Adeg sgrymiau, llinellau a sgarmesoedd, mae llinell ddychmygol yn bodoli. Os digwydd i chwaraewr groesi'r llinell cyn i'r symudiad gael ei gwblhau, bydd yn troseddu.

cap Pan fydd chwaraewr yn cynrychioli ei wlad mewn gêm ryngwladol

cell cosb Lle mae chwaraewyr sydd wedi derbyn cerdyn melyn yn mynd i eistedd am 10 munud

cerdyn coch Cerdyn sy'n cael ei ddangos gan y dyfarnwr i chwaraewr er mwyn ei yrru oddi ar y cae am weddill y gêm

cerdyn melyn Cerdyn sy'n cael ei ddangos gan y dyfarnwr i chwaraewr er mwyn ei yrru oddi ar y cae am 10 munud. Mae'r chwaraewr yn gadael y cae ac yn mynd i eistedd yn y cell cosb

cic adlam Cic rhwng y pyst gan y tîm sy'n ymosod sy'n werth tri phwynt. Mae'n rhaid i'r bêl gyffwrdd â'r ddaear cyn iddi gael ei chicio

cic gosb Cic sy'n cael ei rhoi i dîm pan fydd y tîm arall yn torri rheol bwysig

cic gosb sydyn Math o gic gosb sy'n cael ei chymryd yn sydyn, pan fydd chwaraewr yn taro'r bêl yn ysgafn â'i droed cyn ei dal unwaith eto

Cwpan Gwledydd y Moroedd Tawel Pencampwriaeth flynyddol rhwng timau dynion cenedlaethol gwledydd Fiji, Samoa a Tonga

Cwpan Rygbi'r Byd (RWC) Pencampwriaeth ryngwladol rygbi'r undeb sy'n cael ei chwarae bob pedair blynedd. Mae Pencampwriaeth Cwpan y Byd Rygbi'r Gynghrair yn cael ei chynnal hefyd.

Cwpan Webb Ellis Y wobr sy'n cael ei rhoi i enillwyr Cwpan Rygbi'r Byd

deg-bob-ochr Math o rygbi sy'n cael ei chwarae gan ddau dîm o ddeg chwaraewr

dyfarnwr Y swyddog sy'n gyfrifol am weinyddu rheolau'r gêm

llinell Ffordd o ailddechrau'r chwrae wedi i'r bêl gal ei chario neu ei chicio dros yr ystlys

llinell gôl Llinell ar draws dau ben y cae y mae'n rhaid i chwaraewyr ei chyrraedd a chyffwrdd y bêl arni i sgorio cais

olwyr Grŵp o chwaraewyr sy'n gwisgo rhifau o 9 i 15 ar eu cefnau ond sydd ddim yn cymryd rhan mewn sgrymiau na llinellau, heblaw am y mewnwr

pàs ymlaen Symudiad anghyfreithlon pan fydd y bêl yn cael ei phasio ymlaen

pêl uchel Pêl sy'n cael ei chicio'n uchel iawn i fyny i'r awyr

Pumas Tîm rygbi'r undeb cenedlaethol Yr Ariannin

ryc Pan fydd un neu fwy o chwaraewyr o bob tîm yn cau o gwmpas y bêl i sicrhau meddiant wedi i chwaraewr gael ei daclo

rygbi cadair olwyn Math o rygbi ar gyfer chwaraewyr sy'n gorfforol anabl ac sy'n gorfod defnyddio cadair olwyn

rygbi cyffwrdd Ffurf di-dacl o rygbi gyda chwe chwaraewr ar bob tîm

rygbi cyswllt Pan all chwaraewr gyffwrdd a thaclo ei wrthwynebydd

rygbi di-dacl Pan na fydd hawl taclo gwrthwynebydd o gwbl

rygbi di-gyswllt Pan na fydd hawl cyffwrdd gwrthwynebydd o gwbl

rygbi eira Math o rygbi sy'n cael ei chwarae ar eira trwchus rhwng dau dîm o saith chwaraewr yr un

rygbi iau Math o rygbi sy'n cael ei chwarae ar gae llai o faint gyda phêl llai o faint

rygbi tag Math digyswllt o rygbi. Mae gan bob tîm rhwng pump a chwech o chwaraewyr sy'n gwisgo tagiau ar wregys o gwmpas eu canol

rygbi traeth Math o rygbi sy'n cael ei chwarae gan dimau o bedwar neu saith chwaraewr ar dywod

Rygbi'r Byd Y corff rheoli rhyngwladol ar gyfer rygbi'r undeb

rygbi'r Gynghrair Math o rygbi sy'n cael ei chwarae gan dimau o 13 chwaraewr gan ddilyn rheolau gwahanol i rygbi'r Undeb

rygbi'r Undeb Y math mwyaf poblogaidd o rygbi sy'n cael ei chwarae gan dimau o 15 chwaraewr yr un

rheng flaen Enw am y cyfuniad o'r ddau brop a'r bachwr ar flaen y sgrym

saith-bob-ochr Math o rygbi'r undeb sy'n cael ei chwarae gan dimau o saith chwaraewr

sgarmes Pan fydd o leiaf dri chwaraewr o'r naill ochr neu'r llall wedi dod at ei gilydd i herio'r chwaraewr â'r bêl

sgrym Gornest am y bêl rhwng wyth chwaraewr o bob tîm. Gall chwaraewr ennill y bêl o sgrym, ryc neu sgarmes

taro ymlaen Pan fydd chwaraewr yn colli, gollwng, neu daro'r bêl ymlaen o'r dwylo

trosedd Pan fydd chwaraewr yn torri rheol

trosiad Cic at y pyst yn dilyn cais er mwyn trio sgorio dau bwynt ychwanegol

Undeb Rygbi Cymru Y corff sy'n rheoli rygbi'r undeb yng Nghymru

Y Chwe Gwlad Pencampwriaeth flynyddol rhwng timau cenedlaethol dynion a merched Cymru, Ffrainc, Lloegr, Iwerddon, Yr Alban a'r Eidal

y nifer fwyaf o gapiau Y chwaraewr sydd wedi chwarae'r nifer fwyaf o gemau dros wlad

Yr Undeb Rygbi (RFU) Y corff sy'n rheoli rygbi'r undeb yn Lloegr

ystlys Llinell sy'n rhedeg ar hyd ochr y cae sy'n nodi ffin yr ardal chwarae

MYNEGAI

DIOLCHIADAU

Dymuna'r cyhoeddwyr ddiolch i'r canlynol am eu cefnogaeth: Sally Beets, Katie Lawrence, Abi Luscombe, a Seeta Parma am gefnogaeth golygyddol; Remy Chakraborty am reoli'r dylunio.

Dymuna'r cyhoeddwr ddiolch hefyd i'r canlynol am yr hawl i atgynhyrchu eu ffotograffau:
(Allwedd u-uwchben; g-gwaelod; c-canol; p-pellaf; ch-chwith; dd-dde; t-top)

1 123RF.com: Wavebreak Media Ltd (c/Pêl, c/Stadiwm). **2 Getty Images:** David Rogers (gc); Tony Marshall / Stringer (gdd). **4-5 Alamy Stock Photo:** robertharding / Godong. **5 Dreamstime.com:** Magdalena Żurawska (tchu). **6-7 Getty Images:** Warren Little. **7 Alamy Stock Photo:** Paul Cunningham (tdd); John Fryer (cch); Oscar Max (cddg). **8 Alamy Stock Photo:** Granger Historical Picture Archive (cddu). **Getty Images:** Popperfoto / Contributor (gc). **9 Getty Images:** Shaun Botterill (cddu). **10-11 Alamy Stock Photo:** Paul Cunningham (c). **11 Getty Images:** Mark Kolbe (dd). **12-13 Getty Images:** Zak Kaczmarek / Stringer (t). **12 Alamy Stock Photo:** Zefrog (gch). **13 Alamy Stock Photo:** Jonathan Larsen / Diadem Images (gch). **Getty Images:** Chet Strange / AFP (gdd). **14 Alamy Stock Photo:** RichSTOCK. **15 Alamy Stock Photo:** Kevin Britland (cchg). **Rex by Shutterstock:** Juice (cddu). **16 Rex by Shutterstock:** Tom Dwyer / Seconds Left. **19 Alamy Stock Photo:** Action Plus Sports Images (gch); Massimiliano Carnabuci (cddu). **20 Getty Images:** Tony Marshall / Stringer. **21 Getty Images:** David Rogers (tchu); Martin Hunter / Stringer (gdd). **22 Getty Images:** Alex Livesey. **23 Getty Images:** Stu Forster. **24 Getty Images:** Mike Hewitt (tchu); David Rogers (gdd). **25 Getty Images:** Mark Kolbe. **26 Getty Images:** Simon Bruty / Allsport. **27 Rex by Shutterstock:** (tchu); Michael Paler (gdd). **28 Getty Images:** Christian Liewig - Corbis / Contributor. **30 Getty Images:** Bradley Kanaris (tchu). **31 Alamy Stock Photo:** Stephen Bisgrove (tdd). **32 Alamy Stock Photo:** Elsie Kibue / EK13 Photos (tchu). **33 Getty Images:** Adrian Dennis / AFP (cdd). **34 Alamy Stock Photo:** Elsie Kibue / EK13 Photos (tchu). **Getty Images:** Mike Brett / Popperfoto / Contributor (gc). **35 Getty Images:** Mitchell Gunn / Contributor (cddg). **36 Getty Images:** Jean Paul Thomas / Thomas Pictures / Icon Sport. **37 Getty Images:** Dave Rogers / Allsport (tchu); Michael Bradley (gdd). **38-39 Getty Images:** Eddy Lemaistre / Corbis. **40-41 Getty Images:** David Rogers. **43 Getty Images:** Christophe Simon / AFP (cddu); Ken Ishii (cddg). **44-45 Alamy Stock Photo:** Paul Cunningham. **46 Getty Images:** Ian MacNicol / Stringer. **47 Getty Images:** Gareth Copley (gdd); Richard Heathcote (tchu). **48 Getty Images:** McCarthy / Sportsfile. **49 Getty Images:** David Rogers (cchg); The Asahi Shimbun (cddu). **50 Getty Images:** Stu Forster (gdd); Matt King / Stringer (tchu). **51 Getty Images:** David Rogers. **52 Getty Images:** Chris Hyde / Stringer. **53 Getty Images:** Scott Barbour (gch); Phil Walter (cddu). **54 Alamy Stock Photo:** Action Plus Sports Images. **55 Alamy Stock Photo:** f8 archive (cdd). **Getty Images:** David Rogers (g). **56 Getty Images:** David Rogers (cdd). **57 Getty Images:** Christian Liewig - Corbis / Contributor (cddu, cch). **64 Alamy Stock Photo:** Action Plus Sports Images (g)

Lluniau Clawr: *Blaen a cefn:* **Dreamstime.com:** Kirsty Pargeter / Kj; *Blaen:* **Alamy Stock Photo:** Andrew Orchard sports photography (c/Tîm Cymru, Pencampwriaeth y Chwe Gwlad 2019); **Alamy Stock Photo:** PCN Photography (cddg); **Dreamstime.com:** Wavebreakmedia Ltd (cddgp); **Getty Images:** John Gichigi / Staff (cchg); **iStockphoto.com:** peepo / E+ (cchgp) (Cefndir); **iStockphoto.com:** fredex8 (Pêl). *Cefn:* **Dreamstime.com:** Jorge Salcedo / Jorgeantonio (Cefndir); **iStockphoto.com:** peepo / E+ (Chwaraewyr); *Meingefn:* **iStockphoto.com:** peepo / E+ (t)

Lluniau eraill: Hawlfraint © Dorling Kindersley

Am wybodaeth bellach gweler: www.dkimages.com

Clawr blaen: **Tîm Cymru Pencampwriaeth y Chwe Gwlad 2019:** Josh Adams, Gareth Anscombe, Jake Ball, Adam Beard, Dan Biggar, Aled Davies, Gareth Davies, Jonathan Davies, Elliot Dee, Rob Evans, Tomas Francis, Alun Wyn Jones, Dillon Lewis, Ross Moriarty, Josh Navidi, George North, Ken Owens, Hadleigh Parkes, Nicky Smith, Justin Tipuric, Adam Wainwright, Owen Watkin, Liam Williams

Seland Newydd yn dathlu eu buddugoliaeth yng Nghwpan y Byd 2015